Für

Carla, Oscar & ihre Freunde

und für dich:

....

ORIGINALAUSGABE
Copyright © 2017 Britta Schmidt von Groeling
1. Auflage, 2017
Text: Britta Schmidt von Groeling
Satz und Illustrationen:
Britta Reinhard | Illutié - Atelier of Illustration
Gesetzt aus Gravity und PolanStronk
Printed in Germany
ISBN 978-3-946323-04-4

www.world-for-kids.com | www.illutie.com

Britta Schmidt von Groeling

Südafrika for kids

Der Kinderreiseführer made by World for kids!

Ich war in Südafrika am:

....

Große Wanderungen

Tiere

Das Leben

Die Wüste & die Steppe, die Berge & der Strand

Das ist Südafrika

Nützliche Bäume & Pflanzen

Die Goldgräber

Essen & Trinken

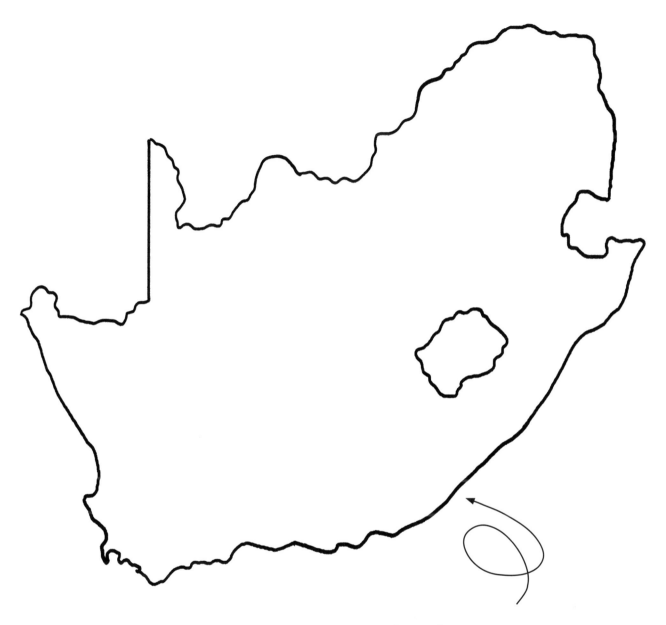

Hier kannst du eintragen, wo du überall im Urlaub warst.

Hallo! Ich heiße Kim!

Wirst du auch nach Südafrika fahren? Oder bist du schon da? Oder hast du einfach Lust, etwas über das tolle Land am südlichsten Zipfel des afrikanischen Kontinents zu erfahren?

Super! Ich war auch in Südafrika, und habe dort viel Schönes und Spannendes erlebt. Das Beste davon erfährst du in meinem Buch. Und hier siehst du auch meine neue Freundin Mbali. Ich habe sie hier beim Spielen kennengelernt, und sie hat mir ihr Land gezeigt und mir alles erklärt.

Natürlich gibt es in Südafrika sehr viele Tiere, und besonders solche, die man bei uns zu Hause nur im Zoo sehen kann. In Südafrika kann man sie frei in den Tierparks erleben. Ich hatte großes Glück und habe einen Leoparden gesehen. Wir waren ganz leise, als er dort im Gras stand. Und einmal ist uns eine kleine Zebrafamilie besuchen gekommen, mitten auf unserem Campingplatz! Eines der Tiere hat den ganzen Tisch mit seiner Zunge abgeschleckt, und ich konnte es sogar ganz kurz streicheln. Aber ich habe trotzdem gleich wieder Abstand gehalten, denn es sind ja wilde Tiere. Du kannst in meinem Buch die wichtigsten Tiere Südafrikas finden und ich drücke dir die Daumen, dass du alle in der Natur sehen wirst. Natürlich gibt es in Südafrika noch viel mehr, und besonders hat mich die wechselvolle

Geschichte des Landes fasziniert. In Südafrika leben so viele unterschiedliche Menschen und alle haben eine eigene Geschichte, die sie mit dem Land verbindet. Ich erzähle sie dir in dem Kapitel „Große Wanderungen" – und in der Geschichte über die Goldgräber!

Wenn du einmal auf die Landkarte im Buch schaust, dann wirst du vielleicht staunen über die vielen verschiedenen Farben. Die Farben zeigen dir, welche unterschiedlichen Landschaften es in Südafrika gibt: Wüste, weite und flache Steppe, hohe Berge und Gebirgszüge mit grünem Wald und Naturparks und natürlich den langen Strand, der sich einmal fast komplett um das ganze Land zieht. In jeder Landschaft gibt es Besonderheiten, und in allen Regionen wachsen unterschiedliche Pflanzen, die du entdecken kannst. Davon erzähle ich dir in dem Kapitel „Die Wüste und die Steppe, die Berge und der Strand". In „Nützliche Bäume und Pflanzen" erfährst du auch etwas über die tollen Früchte, die hier wachsen und von denen du manche vielleicht schon von zu Hause kennst. Aber ich verrate dir etwas:

Hier schmecken sie noch viel besser, denn sie müssen keine weite Reise machen, bevor du sie in den Mund stecken kannst.

Ich habe mir auch ein Spiel ausgedacht, bei dem du ein paar lustige Wörter in Afrikaans lernst, über die ich mich kaputtgelacht habe, als ich sie zum ersten Mal gehört habe. Naja, und was wäre ein Buch über Südafrika ohne das südafrikanische Essen? Ich habe hier viele leckere Sachen ausprobiert. Und ich erkläre dir auch ganz genau, wie du ein super Lagerfeuer machen kannst! Aber los geht's erst mal mit einem fröhlichen „How are you?" Du weißt nicht, was das heißt? Schau in das erste Kapitel, dort erfährst du es.

Jetzt wünsche ich dir ganz viel Spaß beim Lesen und selber Ausprobieren!

Deine
Kim

Say hello!

In Südafrika ist es üblich, dass man sich nach der Begrüßung, dem „Hello", zunächst einmal fragt, wie es dem anderen geht. Auch Kinder werden das oft gefragt. Ich habe beim ersten Mal ziemlich ratlos geschaut, denn ich konnte noch kein Englisch. Aber Mbali hat mir ein wenig beigebracht. **So geht es:**

Dich fragt jemand: „**Hello, how are you?**" Das hört sich so an: **Hello, hau ar ju?**
Dann sagst du: „**I am fine, thank you.**" Das sprichst du so aus: **Ei äm fein, thänk ju.**
Das „th" musst du ein bisschen üben, du legst die Zunge zwischen die Zähne und bläst die Luft nach vorne. Mbali hat laut gelacht, als ich das zum ersten Mal probiert habe. Aber jetzt geht es schon ganz gut.

Wenn du dich traust, kannst du den anderen auch fragen, wie es ihm denn geht. Dann sagst du: „**And how are you?**" Der andere wird dann wahrscheinlich auch antworten: „I am fine."

Manche Jugendliche begrüßen sich hier auch mit einem coolen Handgruß. Das kannst du ja mal mit deinen Geschwistern oder deinen Eltern und Freunden üben, ich habe es von Mbali gelernt. Macht total Spaß. Wir haben uns unseren eigenen Geheimgruß ausgedacht, den nur wir kannten.

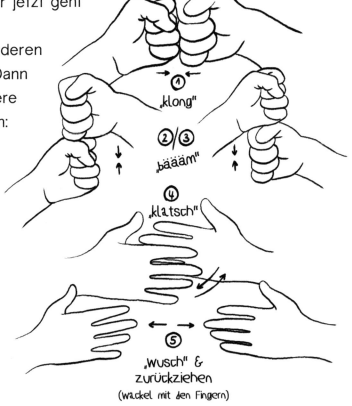

Schuluniformen

Wenn du in Südafrika ein wenig durch Städte und Dörfer fährst, siehst du sicher auch eine Menge anderer Kinder. Schau dir die Kinder einmal genau an, besonders ihre Kleidung. Fällt dir etwas auf? Wenn die Kinder von der Schule kommen, tragen sie alle die gleichen Hosen, Röcke und Oberteile. Warum das so ist, habe ich Mbali gefragt. Sie hat mir erzählt, dass das Schuluniformen sind. In vielen Ländern gibt es das: Jedes Kind hat die gleichen Sachen, die es in der Schule trägt. Jede Schule hat ihre eigene Uniform mit eigenen Farben und Formen. Die Schule von Mbali hatte blaue Pullis und T-Shirts und graue Hosen. Ich fand das ziemlich langweilig, aber Mbali hat gemeint, dass es ganz gut ist. Bei ihr zu Hause gab es nie Streit um Klamotten für die Schule.

Rainbownation
Regenbogennation

Hast du schon einmal von Nelson Mandela gehört? Er war der erste schwarze Präsident Südafrikas. Es hat lange gedauert, bis er Präsident wurde, und als es endlich soweit war, hat er Südafrika als eine „Rainbownation", eine „Regenbogennation" bezeichnet. Warum?

Weil es in Südafrika so viele unterschiedliche Menschen gibt, so viele wie Farben im Regenbogen. Und weil das so ist, gibt es in Südafrika elf Sprachen, die gesprochen werden.

Und in all diesen Sprachen gibt es Bücher, Schulunterricht und alle Papiere, die von Ämtern für die Bürger Südafrikas geschrieben werden. Sie müssen in allen elf Sprachen verfasst werden. So etwas nennt man Amtssprachen. In Südafrika gibt es also elf Amtssprachen. In den meisten Ländern gibt es nur eine. Du siehst also, Südafrika ist in dieser Hinsicht sehr besonders.

In Südafrika gibt es arme und reiche Menschen. Das kann man gut an den verschiedenen Häusern erkennen. Hier siehst du die unterschiedlichen Wohnformen:

Wie würde die Schuluniform aussehen, die du am liebsten tragen würdest?

In welchem Haus würdest du am liebsten leben?

Unser Südafrika Spiel:

Ein mittelgroßer, flacher Stein ist der Würfel. Male auf die eine Seite eine 2, auf die andere eine 3. Kleine Steine sind die Spielfiguren. Rote Felder sind Ereignisfelder. Das Ziel muss nicht genau erreicht werden. Spieldauer: etwa 10 Minuten.

Viel Spaß,
Deine Kim

Start

❹ Der Geh-weg-Vogel schickt dich 2 Felder weiter.

① Der Wach-a-bicki-Strauch hält dich fest. 1x aussetzen.

③ Der Worshoinki - Wursthund - zeigt dir eine Abkürzung! Folge ihm!

② Löwe auf der Jagd! Du flüchtest 2 Felder nach vorne!

Hast du eine Tierspur entdeckt?

Mit Gips kannst du sie ausfüllen und den Abdruck mitnehmen! Schau, so wird es gemacht!

Du brauchst eine Schüssel, einen großen Löffel, Wasser und natürlich Gips.

Glatt zu einem Brei verrühren!

Dann füllst du die Form mit der Gipsmasse aus. Nun muss der Gips trocknen, am besten einen ganzen langen Tag oder eine Nacht lang.

Wenn der Gips trocken ist, brauchst du wieder Wasser und am besten einen festen Pinsel.

Nun kannst du den festen Gipsabdruck herausnehmen, Wenn es zu schwer geht, grabe ihn vorsichtig aus. Dann wäschst du zuerst die großen Erdstücke ab, danach putzt du mit dem Pinsel die feinen Stellen des Abdrucks aus. Sei sehr vorsichtig, damit nichts kaputtgeht. Nun hast du einen tollen Tierabdruck!

Errätst du, was wir gefunden haben?

Welche Tiere hast du in Südafrika gesehen?

Ich habe dir ja schon erzählt, dass ich die Geschichte Südafrikas sehr spannend finde. Ich möchte sie dir erzählen. Ich finde, am besten geht das, wenn ich dir berichte, wie die Menschen, die hier leben, in das Land gekommen sind. Dann weißt du auch gleich, warum es hier so viele unterschiedliche Menschen gibt. Deshalb habe ich das Kapitel „Die großen Wanderungen" genannt. Aber zuerst beginnt alles damit, dass Menschen aus Südafrika ausgewandert sind. Sieh selbst:

Die ersten Menschen wandern von Afrika in die ganze Welt aus

Als ich meiner Oma davon erzählt habe, dass ich nach Südafrika fahre, hat sie gesagt:

"Ah, Afrika, die Wiege der Menschheit!"

Ich habe überhaupt nicht verstanden, wovon sie spricht. Sie hat es mir so erklärt:
Wir, die Menschen, die auf dieser Erde leben, gehören zur Familie der Homo, die vom Affen abstammen. Wir heißen Homo sapiens, das heißt auf lateinisch „weiser Mensch". Die Homo sapiens stammen aus Afrika, wie alle anderen Menschen dieser Familie auch. Dort hat sich vor 2,4 Millionen Jahren eine Gruppe Menschen entwickelt, die von Forschern später „Homo" genannt wurde. In der Familie der Homo gab es verschiedene Arten, die sich alle unterschiedlich weiterentwickelt haben. Überlebt hat nur der Homo sapiens, also unsere Art.

„Weise" wurden diese Menschen deshalb genannt, weil sie ein recht großes Hirn besaßen, das etwa ein Drittel so groß war, wie das des heutigen Menschen.

Vor etwa 70.000 Jahren breitete sich der moderne Mensch von Afrika auf die ganze

Welt aus. Sie brauchten 55.000 Jahre, um sich auf alle Kontinente zu verteilen. Deshalb wird Afrika eben „die Wiege der Menschheit" genannt, weil dort alles begann.

Die San wandern durch Afrika

Die San gehören zu einem der wenigen Völker der Erde, die heute noch fast genauso leben wie damals – oder es zumindest gern tun würden. Seit wann genau die San im südlichen Afrika leben, weiß man nicht so genau. Aber eines weiß man: Es ist schon viele tausend Jahre her.

Die San sind immer schon sehr viel gewandert – entweder, weil sie als Jäger und Sammler ohnehin den Tieren, die sie jagten, hinterher gezogen sind. Oder weil sie als Viehzüchter ihrer Herde gefolgt sind, denn die Tiere zogen weiter, wenn das Gras gefressen war.

Ganz früher haben die San fast ganz Afrika besiedelt. Man weiß das deshalb so genau, weil sie große Künstler waren! Sie haben uns viele schöne Zeichnungen hinterlassen. Als mir Mbali das erzählt hat, habe ich sofort gefragt, ob diese Zeichnungen in einem Museum ausgestellt sind, so dass ich sie mir anschauen kann. Da hat sie den Kopf geschüttelt und gesagt, wenn ich die Zeichnungen der San sehen will, dann muss ich durch ganz Afrika fahren, an die Orte, an denen sie entstanden sind.

Warum?

Weil sie auf Felsen gemalt sind. Man nennt sie deshalb Felsmalereien. Anhand dieser Zeichnungen kann man heute gut ablesen, zu welcher Zeit sie gemalt wurden. Und man kann daran, dass es in einer Gegend plötzlich keine Zeichnungen mehr gab, erkennen, dass die San weitergezogen sind.

Interessant ist auch ihre Sprache, sie benutzen nämlich Klicklaute. Das hört sich sehr schön an, denn es klickt und klackst in den Worten. Außerdem sind die San nicht sehr groß, nur etwa so groß wie ein 10-jähriges Kind.

Viele Völker der Bantus wandern nach Südafrika ein

Nun hast du ja sicher schon längst bemerkt, dass es in Südafrika sehr viele schwarze Menschen gibt. Sie zählt man zu den Bantu-Völkern. Die Bantus sind vom Norden nach Südafrika eingewandert. Wann das genau war, kann niemand mit Bestimmtheit sagen.

Das liegt daran, dass diese Völker ihre Geschichte niemals aufgeschrieben haben, so wie das bei uns gemacht wurde. Bei den Bantus haben die Alten die Geschichten ihres Volkes den Jungen erzählt. Das nennt man „mündliche Überlieferung".

Einerseits ist das natürlich sehr schön. Man stellt sich einen alten Mann oder eine alte Frau vor, die ihren Enkeln tolle Geschichten erzählen. Jeder hat sicher noch ein bisschen was dazu gedichtet und dafür vielleicht etwas Anderes weggelassen. Andererseits kennen die Geschichten so nur wenige Leute. Wir aus Europa haben es da schwer, die Geschichten ebenfalls kennenzulernen.

Aber ein bisschen weiß man trotzdem. Nämlich, dass die Bantus sich in viele verschiedene Gruppen, die sogenannten Stämme, aufgeteilt haben. Im Norden gibt es die Venda, sie leben in der Nähe des Kruger Nationalparks. Im Osten sind die Zulu zu Hause, dann gibt es noch die Xhosa und viele mehr. Sie haben Ackerbau und Viehzucht betrieben und in den typischen afrikanischen Häusern gelebt, Rundhütten aus Lehm mit einem Grasdach. Jede Familie hatte ein kleines Feld und ein paar Ziegen. So leben auch heute noch viele Familien in anderen afrikanischen Ländern, zum Beispiel in Sambia.

Einige der Stämme haben damals schon Bergwerke betrieben und Eisen und Gold aus der Erde geholt. Das haben sie an arabische Händler verkauft, die mit Schiffen kamen. Es gab Königreiche, die groß und mächtig waren und dann wieder verschwanden, wie vor siebenhundert Jahren das Königreich Zimbabwe, nach dem das Land heute benannt wurde. Auch hierüber weiß man wenig, denn es gibt kaum Bücher darüber.

Die Europäer kommen nach Südafrika

In Südafrika gibt es jedoch nicht nur schwarze Leute, sondern auch viele weiße. Ihre Vorfahren sind vor fast 400 Jahren aus Europa nach Südafrika eingewandert. Zuerst kamen holländische Schiffe an. Damals war Holland sehr mächtig. Es besaß viele Segelschiffe, die um die halbe Welt fuhren, um Gewürze, Stoffe und viele andere Dinge zu kaufen und zu verkaufen. Um nach Java zu kommen, wo es verschiedene Gewürze gab, mussten die Schiffe um den gesamten afrikanischen Kontinent herumfahren. Da das sehr lange gedauert hat, haben die Seeleute auf einigen Inseln oder an Häfen Halt gemacht. Sie haben frisches Wasser und Essen an Bord genommen, dann ging es weiter.

Komischerweise sind die Schiffe sehr lange um die südliche Spitze Afrikas herumgefahren, ohne dort einen Hafen zu gründen oder eine Handelsstation aufzubauen. Lange Zeit gab es dort nur einen Poststein, unter den die Seeleute ihre Post legten und die Briefe anderer Seeleute mitnahmen.

Aber dann war es doch soweit und der Expeditionsleiter Jan van Riebeeck baute mit seinen Leuten von der Ostindischen Kompanie an der Südspitze Südafrikas eine Versorgungsstation. Er nannte den Ort „Kap der guten Hoffnung" und begründete damit die heutige Weltstadt Kapstadt. Von da an wanderten immer mehr Menschen aus Europa nach Kapstadt ein. Es kamen Holländer, Briten, Deutsche und Franzosen.

Mit den San und den anderen schwarzen Afrikanern haben sich die weißen Siedler oft nicht gut verstanden. Sie haben zwar mit einigen Handel getrieben, aber viele wurden auch gezwungen, als Sklaven für die Weißen zu arbeiten. Aus Indien und Mozambique wurden viele Menschen nach Südafrika gebracht, um auf den Feldern zu arbeiten. Auch sie zählen zu den vielen Einwanderern Südafrikas.

Die Vortrekker ziehen durchs Land

Am Kap der Guten Hoffnung lebten nun viele weiße Menschen, die aus Europa eingewandert waren. Sie nannten sich die Buren, das heißt „Bauer" in ihrer Sprache Afrikaans.

Die Buren gründeten Farmen und Weingüter, auf denen Sklaven arbeiteten, um die Felder zu bestellen. Als vor etwa zweihundert Jahren die Briten die Regierung am Kap der guten Hoffnung übernahmen, bestimmten sie einige Dinge, die den Buren nicht gefielen. Es war nun verboten, Sklaven zu haben. Es gab noch ein paar andere Dinge, die die Buren nicht gut fanden, aber am schlechtesten fanden sie, dass sie ihre Sprache Afrikaans nicht mehr sprechen sollten, wenn sie vor Gericht ziehen mussten, um einen Streit zu schlichten.

So entschlossen sich 16.000 Buren, sich in mehreren großen Gruppen zusammenzutun und in das Landesinnere zu wandern, um dort ihren eigenen Staat zu gründen. Das nennt man bis heute „den großen Trek" und diese Buren hießen die „Vortrekker".

Trek ist Englisch und heißt Wanderung.

Jetzt musst du dir vorstellen, dass es damals natürlich außerhalb von den besiedelten Gebieten am Kap der Guten Hoffnung überhaupt keine Straßen gab. Nicht einmal Feldwege. Alles war mit Bäumen und Büschen bewachsen. Es gab keine Brücken über die Flüsse und nirgendwo ein Dorf oder eine Stadt, wo man etwas zu Essen oder zu Trinken kaufen konnte. Die Vortrekker wussten auch nicht, ob dort, wo sie hingingen, Leute lebten und ob sie sie angreifen würden, wenn sie kamen. Aber das alles war ihnen egal, sie wollten die große Wanderung ins Ungewisse wagen.

Die Vortrekker sind damals mit Ochsenwagen losgezogen. Das waren hölzerne Planwagen, auf die alles aufgeladen wurde, was die Menschen besaßen. Und dann ging es los. Jeder Trek hatte einen Anführer. Schau doch mal auf alte Südafrikakarten, dort kannst du die Namen der Anführer in den Städtenamen finden.
Um mit den großen Ochsenwagen durch das Land zu kommen, wurden die Bäume, die im Weg waren, gefällt.

Stell dir vor, wie anstrengend es sein muss, wenn du durch einen Wald fahren willst und du musst erst einmal alle Bäume auf deinem Weg fällen, damit du hindurchkommst!

In dem Wald waren natürlich auch jede Menge Tiere. Die Tiere, die man essen konnte, haben die Vortrekker gejagt. Aber die Löwen und Leoparden waren gefährlich, vor ihnen mussten sie sich in Acht nehmen.
Außerdem war es heiß, es gab starke Regenfälle, oft kein Wasser, denn Wasser konnte man nur an Flüssen oder Seen bekommen. Es gab viele gefährliche Krankheiten, die die Vortrekker nicht kannten und gegen die sie keine Medizin hatten. Und sie mussten über steile Berge und durch Flüsse hindurch. Oft mussten sie lange warten, bis der Fluss so wenig Wasser hatte, dass sie hindurchfahren konnten.
Wenn eines der hölzernen Räder zerbrach, musste ein neues gebaut werden. Es war eine harte Zeit für die Vortrekker und einige sind dabei gestorben.

Auf ihrem Weg haben sie auch andere Menschen getroffen, und häufig kam es dabei zu Kämpfen. Besonders gegen die Stämme der Matabele und der Zulus haben die Vortrekker lange und erbittert gekämpft, besonders gegen den mächtigen Stamm der Zulus, die schon damals ein strammes Militär hatten, das mit moderner Kriegsführung kämpfte. Die Buren mussten viele Verluste hinnehmen, einige ihrer Anführer starben bei den Kämpfen. Aber schließlich gewannen die Vortrekker den Kampf und drängten die schwarzen Stämme zurück. Sie gründeten ihren eigenen Staat, die Südafrikanische Republik.

Bei ihrer Wanderung nach Norden haben sie durch die vielen Kämpfe die schon dort lebenden schwarzen Stämme vertrieben. Diese sind dann weitergewandert und sind oft ebenfalls auf andere Stämme gestoßen und haben diese wiederum vertrieben. Es gab also eine ziemliche Völkerwanderung, die vieles durcheinandergebracht hat.

Das nennt man bis heute "Mfekane".

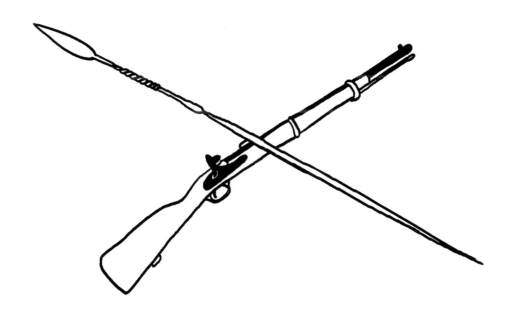

Der lange Weg zur Freiheit

Die letzte Geschichte, die ich dir über die Vergangenheit von Südafrika erzählen will, ist eigentlich keine Wanderung, die man mit den Füßen machen kann. Es ist eher eine Wanderung, die im Kopf von ganz vielen Menschen Südafrikas stattgefunden hat:

Der Weg zur Freiheit.

Um das zu verstehen, gehen wir erst einmal wieder zurück zu den Vortrekkern. Sie hatten nun ihren eigenen Staat gegründet, der später mit dem restlichen Südafrika vereinigt wurde. Die Vortrekker waren der Meinung, dass sie ein von Gott auserwähltes Volk seien. Das haben sie deshalb gedacht, weil sie auf ihrem langen Trek oft schwere Zeiten haben durchleben müssen. Um sich Hoffnung und Mut zu machen, damit sie die Anstrengungen überstehen konnten und wieder Kraft fanden, um weiterzuziehen, haben sie in der Bibel gelesen. Dort wird von dem Volk der Israeliten gesprochen, das von Gott dazu bestimmt war, sein Reich in Israel zu gründen. Es wird in der Bibel als das auserwählte Volk bezeichnet. Die Vortrekker haben gesagt, dass auch sie ein auserwähltes Volk seien, dazu bestimmt, in Südafrika zu leben.

Die schwarzen und farbigen Menschen, die schon im Land lebten, wie die vielen verschiedenen schwarzen Stämme, die indischstämmigen Leute und all diejenigen, die verschiedenen anderen Gruppen angehörten wie beispielsweise die San, haben die Buren damals als minderwertige Leute angesehen. Sie waren der Meinung, dass sie so anders seien, dass sie nicht mit ihnen zusammenleben könnten. Deshalb haben sie den Menschen, die nicht weiß waren, Gebiete in Südafrika zugewiesen, in denen sie leben sollten. Man nannte diese Gebiete Homelands.

Die Homelands waren meist keine besonders guten Gegenden.

Dort war der Boden nicht so fruchtbar, es gab keine oder nur wenige Schulen oder Krankenhäuser und die Straßen waren schlechter. Die Nicht-weißen Leute durften nicht in allen Berufen arbeiten wie sie gerne wollten, und es gab viele Gesetze, die für sie nachteilig waren. In den Parks der Städte gab es Spielplätze, auf denen nur weiße Kinder spielen durften und es gab sogar Bänke, auf denen ein kleines Schild angebracht war, auf dem stand, ob es eine Bank für schwarze oder für weiße Leute war. Dies nannte man Apartheid, das bedeutet Trennung. Natürlich führte es dazu, dass die Kinder eine schlechtere Schulausbildung hatten, die Familien weniger Geld hatten und in kleineren Häusern wohnten und es insgesamt den Nicht-weißen Menschen in Südafrika sehr viel schlechter ging als den weißen Menschen.

Du kannst dir sicher vorstellen, dass die nicht-weißen Leute das nicht so toll fanden. Sie versuchten, sich dagegen zu wehren. Viele von ihnen wurden dafür ins Gefängnis gesteckt. Besonders bekannt ist ein Gefängnis, das sich auf einer Insel im Meer vor Kapstadt befindet. Es heißt Robben Island, also „Robbeninsel". Dort saß auch ein sehr berühmter schwarzer Südafrikaner ein, nämlich Nelson Mandela. Er gehörte zu einer Gruppe Leute, die sich gegen die weiße Herrschaft wehrte, dem African National Congress, kurz ANC. Er war ihr Anführer.

Aber wie du ja aus dem ersten Kapitel schon weißt, ist Nelson Mandela später der Präsident von Südafrika geworden. Denn irgendwann haben sich immer mehr Menschen gegen die Apartheid gewehrt, nicht nur Schwarze und Farbige, sondern auch Weiße, die das System ungerecht fanden. Es gab Kämpfe und Unruhen, und die weiße Regierung konnte nicht mehr länger so weitermachen wie bisher. Sie begannen, mit Nelson Mandela zu verhandeln und schließlich kam er aus dem Gefängnis frei. Bei den nächsten Wahlen wurde er zum ersten schwarzen Präsidenten Südafrikas gewählt. Und nun begann das nächste Kapitel der südafrikanischen Geschichte, und das freie Südafrika, das du heute erleben kannst, ist entstanden.

Hast Du Lust, die Wanderungen der Menschen in Südafrika zu malen?

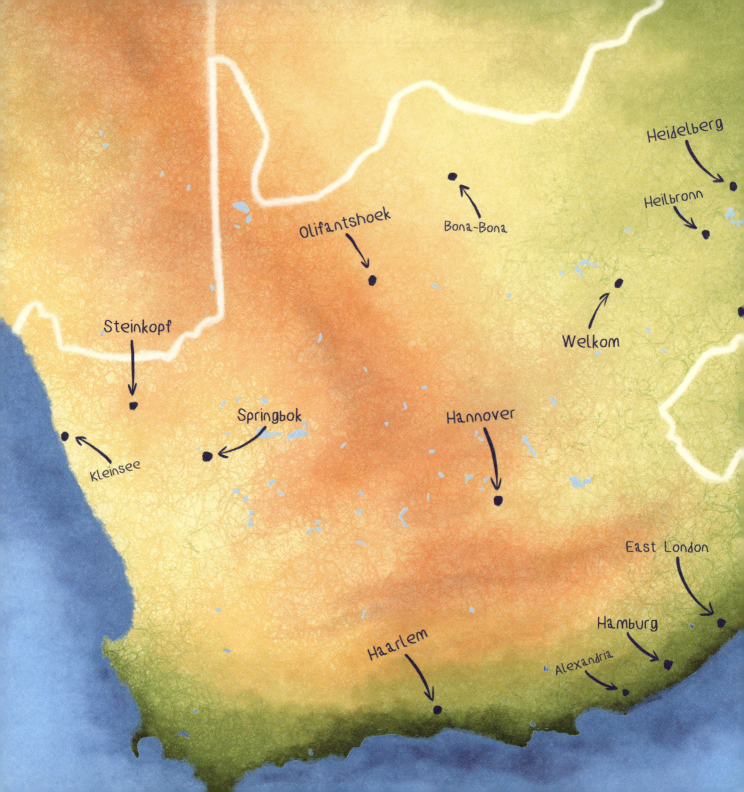

Frankfort

Betlehem

Die Wüste und die Steppe, die Berge und der Strand

Die Wüste und die Steppe

In einer Wüste kann nichts wachsen?

Doch, manchmal schon. Wenn es doch einmal regnet, blühen die Samen, die zwischen dem Sand am Boden liegen, sofort auf. Die Erde sieht dann für wenige Tage aus wie ein Blütenmeer, denn die Pflanzen müssen sich beeilen:

Bevor sie wieder vertrocknen, müssen sie den neuen Samen verteilen, damit sie nicht aussterben.

In der Halbwüste trifft man ganz viele Ziegen. Sie mögen das harte Gras, das hier wächst und werden hier gezüchtet.

In der Mitte des Landes gibt es die meisten Farmen Südafrikas. Sie sind riesengroß! Und was hier alles angebaut wird: Mais, Sojabohnen, Tabak, Zuckerrohr und vieles mehr. Außerdem werden hier Rinder gezüchtet. Sie dürfen einfach durch die Landschaft streifen, aber der Farmer weiß immer genau, wo seine Tiere sind.

Außerdem gibt es in der Mitte und im Norden viele Minen. Gold, Diamanten und andere wertvolle Metalle, die zum Beispiel zum Bau von Handys benutzt werden, gibt es hier. Im Norden Südafrikas wurden uralte Skelette gefunden. Zum Beispiel hat man den Schädel eines Kindes gefunden, das vor 2,5 Millionen Jahren hier gelebt hat. Es gibt auch tolle Höhlen, die du besichtigen kannst.

Die Berge und der Strand

Im Westen kann man leider nicht so gut Baden. Hier ist das Wasser eiskalt, denn es kommt aus dem riesigen Atlantik. Im Osten und Süden ist es dagegen schön warm. Aber manchmal kann das Meer hier rau und stürmisch sein. Deshalb gibt es auch viele Surfer, die die hohen Wellen lieben.

An einigen Stellen gibt es aber die sogenannten "rock pools", das sind kleine und größere Pools aus Stein, in die das Meerwasser hineinschwappt. So können sogar kleine Kinder baden.

Ich finde, die Berge sehen hier von Weitem aus, als wären sie mit Samt überzogen. Als ich das erste Mal in den Drakensbergen war, wollte ich die Hand ausstrecken und über die Gipfel streichen, so weich sahen sie aus. Sie sind über und über bewachsen und haben sanfte Formen. Dazwischen findest du immer wieder tolle Schluchten und Wasserfälle, die steil hinunterfallen.

Der Baobab-Baum hat eine ganz besondere Geschichte. Schau ihn dir genau an. Er hat nicht sehr viele Zweige, und die, die er hat, sind dick und oft auch nicht besonders lang. Man könnte meinen, es seien die Wurzeln, die aus seinem Stamm wachsen.

Der Legende nach soll der Baobab ein sehr eitler Baum gewesen sein, denn er war soo schön. Seine außergewöhnliche Schönheit stellte alle anderen Bäume in den Schatten. Deshalb nahm Gott den Baum und drehte ihn um, so dass von da an die Wurzeln des Baobabs in die Höhe wuchsen.

Ich finde ihn immer noch wahnsinnig schön, was meinst du?

Wie würde Südafrika aussehen, wenn du die Berge,

die Wüste, den Strand und das Meer verteilen dürftest?

Nützliche Bäume und Pflanzen

Mangos

Mangobäume siehst du überall im südlichen Afrika. Sie sind sehr hübsch, und sie können riesengroß werden. Ihre Krone ist meist rund, die Blätter sind dunkelgrün, spitz und sehr dicht.

Eine Mangofrucht hast du vielleicht schon einmal gesehen, sie ist oval. Es gibt sie jedoch in allen möglichen Farben.

Eine Mango, die du gestern noch in rot gesehen hast, kann morgen von einem anderen Baum grün sein und trotzdem süß.

Es gibt kleine gelbe und kleine rote. Ich habe einmal drei verschiedene Sorten gekauft und alle durchprobiert. Manche waren süßer und faseriger, so dass man sie gleich aus der Hand essen musste. Andere waren fleischiger und man konnte sie schneiden. Aber eins hatten alle gemeinsam: Sie waren total lecker!

Litschis

Als wir in Südafrika waren, haben wir auch einen Freund besucht, der einen riesengroßen Litschibaum in seinem Garten hatte.

Dieser Baum war fast zehn Meter hoch und sicher genauso breit.

Man konnte herrlich unter seinen Zweigen auf einer Bank im Schatten sitzen und Litschis futtern. Aber nicht nur wir mochten die Litschis. Sondern auch die Affen! In der Nähe lebte eine große Meerkatzenfamilie.

Sie kamen jeden Morgen und jeden Abend, um Litschis vom Baum zu naschen. Wir haben versucht, sie zu vertreiben, damit sie nicht alle Früchte aufessen, aber es hat nicht viel genutzt.

Am nächsten Tag waren sie wieder da und schwangen sich in großen Schwüngen von Baum zu Baum.

Schirmakazie

Die Schirmakazie ist der beste Schattenspender, den ich kenne. Ich habe einen Park gesehen, in dem standen viele Schirmakazien und es sah aus, als ob der Park ein Dach hatte.

Wunderschön! Schirmakazien stehen oft in Gärten, wo sie den Leuten, die dort leben, Schatten spenden wie ein Sonnenschirm.

Aber auch in der Steppe kannst du sie finden. Und auch dort wirst du froh sein, sie zu sehen, denn wenn die Sonne am Mittag heiß vom Himmel brennt, gibt es nichts Schöneres, als unter einer Schirmakazie im Schatten auszuruhen.

Wach-a-bicki

Der Wach-a-bicki-Strauch ist eigentlich nicht so nützlich für uns Menschen. Aber ich finde seinen Namen so lustig, dass ich dir davon erzählen möchte.

Wach-a-bicki heißt auf deutsch Wart-ein-bisschen.

Der Strauch wird deshalb so genannt, weil seine Blätter kleine Dornen haben, die nach hinten wachsen. Wenn du also an ihm vorbeigehst und ihn mit deiner Kleidung streifst, halten dich die Blätter fest – als wollten sie rufen: Wart ein bisschen! Lustig, oder?

Kameldornbaum

Der Kameldornbaum ist für uns Menschen eigentlich überhaupt nicht nützlich, denn seine Äste haben lange, weiße Dornen und sie sind so spitz, dass sie wie nix durch einen Flipflop hindurchstechen können, wenn man drauftritt.

Aber für die Giraffen ist er sehr nützlich.

Denn selbst wenn es in einer dürren Gegend nur einen einzigen Kameldornbaum gibt, können die Giraffen trotz seiner Dornen von ihm essen. Wie sie das machen? Ihre Zungen sind so rau, dass sie sich nicht piksen und so zupfen sie genüsslich die Blätter vom Baum ab.

Butternut

Der Butternut-Kürbis sieht sehr lustig aus. Er hat die Form einer Birne!

Allerdings ist er viel dicker und länger als eine Birne und seine Farbe ist eine Mischung aus hellbraun und orange.

Er schmeckt sehr gut, hat zartes Fleisch und wenn man etwas Zimt und Butter darauf tut, ist er ganz köstlich! Er wächst am Boden wie andere Kürbisse auch, manchmal sieht man ein Feld an der Straße, auf dem er herumliegt und darauf wartet, geerntet zu werden.

Avocado

Hier in Südafrika kann man die Avocados direkt vom Baum pflücken, wenn man einen solchen Baum findet.

Wir haben viele verschiedene Avocados gesehen, grüne und dunkelbraune, birnenförmige und runde. Sie sind oft so groß wie ein Apfel, aber einmal habe ich eine Avocado auf dem Markt gesehen, die so groß wie eine Honigmelone war!

Wir haben sie natürlich gleich gekauft, aber ich muss sagen, die kleinen haben mir besser geschmeckt.

Hast du auch nützliche Pflanzen in Südafrika gesehen?

Weißt du eigentlich, dass es in Südafrika Gold und Diamanten gibt? Beides sind sehr wertvolle Stoffe.

Diamanten sind Steine, die zu glitzerndem Schmuck geschliffen werden. Sie gelten als das härteste Gestein der Welt und sind sehr wertvoll. Gold hingegen ist ein Metall. Es kommt auch im Gestein der Erde vor, aber man muss das Gestein schmelzen, damit das Gold flüssig wird und hinaustropfen kann.

In Südafrika wurde vor über hundert Jahren Gold in den Bergen gefunden. Da war vielleicht was los! Viele Menschen kamen, um ihr Glück zu versuchen. Ich fand die Geschichte natürlich spannend, und habe Mbali danach ausgefragt. Sie wusste aber auch nicht viel darüber.

Deshalb sind wir zu dem Opa einer ihrer Schulfreundinnen gegangen, denn Mbali meinte, er weiß einfach alles über die Geschichte Südafrikas, denn sein Vater war früher auch Goldsucher in Johannesburg. Er hat uns die Geschichte seines Vaters erzählt, und die geht so:

Der Name seines Vaters war Pieter. Pieter war der Sohn von weißen Farmern, die mit dem großen Trek aus Kapstadt gekommen waren, als Pieters Vater noch ein kleiner Junge war.
Sie haben damals im Transvaal, das ist die Region im Nordosten Südafrikas, eine Farm gegründet. Damals gab es Johannesburg noch gar nicht, dort wo die Stadt heute steht, war nur ödes Grasland. Pieter war der dritte Sohn in der Familie. Seine beiden älteren Brüder sollten später einmal die Farm übernehmen, aber was Pieter tun würde, wusste damals keiner – und so richtig hat sich auch niemand darum gekümmert.
Pieter war ein blonder Junge mit vielen Locken auf dem Kopf. Er hatte sein eigenes Pferd, mit dem er über die Felder der Farm preschte und mit dem er schon einige Abenteuer erlebt hatte. Damals gab es immer noch eine Menge wilder Tiere rund um die Farmen der Buren.

Wenn man nicht aufpasste, konnte man leicht zur Beute eines Löwenrudels werden oder zwischen eine Elefantenherde geraten.

Aber Pieter hatte keine Angst vor den Tieren. Er beobachtete sie gerne und bewunderte ihre Anmut und Schnelligkeit. Stundenlang konnte er einer Herde Elefanten zusehen und er wusste viel über die Eigenarten und Vorlieben der Tiere um ihn herum. Für alle Fälle hatte er

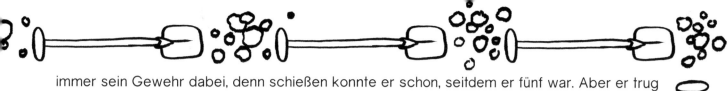

immer sein Gewehr dabei, denn schießen konnte er schon, seitdem er fünf war. Aber er trug es nur zu seinem Schutz.

Pieter hatte auch einen Freund, der Mashudu hieß und mit dem er spielte, seit er denken konnte. Das besondere an seinem Freund war, dass er schwarz war. Damals war es nicht üblich, dass schwarze und weiße Kinder miteinander spielten. Waren sie noch klein, so wurde eine Freundschaft noch geduldet, aber wenn die Kinder älter wurden, sollten sich schwarze und weiße Kinder nicht mehr miteinander abgeben, denn die Weißen sollten unter sich bleiben. So hielten es die Buren damals.

Pieter dachte jedoch nicht daran, die Freundschaft zu Mashudu aufzugeben. Deshalb trafen sie sich immer heimlich draußen auf den Feldern der Farm und gingen gemeinsam los, um ihre Abenteuer zu erleben.

Eines Tages kam ein Freund von Pieters Vater zu Besuch, der in der Nähe ebenfalls eine Farm hatte. Nachdem sie abends gemeinsam gegessen hatten, erzählte der Mann, dass erneut Gold gefunden worden war. Schon vor einigen Jahren, kurz nach Pieters Geburt, war in einem Ort mit dem Namen *Pilgrims Rest* Gold gefunden worden. Seitdem wanderten ständig mehr Menschen an diesen Ort, um ebenfalls einen Teil vom glänzenden Gold, das reich machen sollte, abzubekommen. Pieter, der damals, als das erste Gold in Südafrika gefunden wurde, ja noch viel zu klein gewesen war, um bei der Suche nach Gold mitzumachen, horchte auf.

Das wäre seine Chance! Er würde Goldsucher werden!

Er lauschte noch ein wenig den Erzählungen des Mannes und erfuhr, dass wieder viele Leute kamen, die ihr Glück versuchen wollten. Sogar mit Schiffen aus Europa und Amerika kamen sie! Das empörte Pieter. Schließlich war das Gold in seinem Land gefunden worden. Da sollten doch wohl die Südafrikaner selber als allererstes davon etwas haben.

Nachdem alle zu Bett gegangen waren, lag Pieter noch lange wach und schmiedete einen Plan. Am nächsten Morgen schlich er sich noch vor Sonnenaufgang aus dem Haus und lief zu seinem Freund Mashudu, der in einer der Arbeiterbaracken wohnte. Aufgeregt erzählte er ihm von seiner Idee, Goldsucher zu werden und schlug ihm vor, mitzukommen. Auch Mashudu war sofort Feuer und Flamme. Auch er hatte genug vom harten Farmleben und wollte ebenfalls

sein Glück versuchen. Sie verabredeten, dass sie ein kleines Bündel mit Habseligkeiten und etwas zu essen packen und sich nach Sonnenuntergang hinter dem Werkzeugschuppen treffen wollten. Dort würden sie Spitzhacken, Schaufeln und ein paar weitere Werkzeuge einpacken und mit Pieters Pferd losziehen.

Ihre Flucht gelang. Pieter, der nie Schreiben gelernt hatte, konnte seinen Eltern keinen Abschiedsbrief hinterlassen. Aber er wusste auch so, dass seine Eltern froh sein würden, wenn er sein Leben selbst in die Hand nahm. Schließlich war er schon fünfzehn Jahre alt. Er wusste, was er tat.

Mashudu und er ritten die ganze Nacht hindurch und nach einem weiteren Tagesritt und einer unruhigen Nacht in den Wäldern erreichten sie am nächsten Mittag eine Anhöhe. Vor sich sahen sie eine Ansammlung von Zelten und Holzhäusern, die alle entlang einer kleinen Anhöhe aufgereiht waren.

Das war es! Sie hatten die Goldsucher gefunden. Sofort ritten sie hinunter und suchten sich einen Platz am hinteren Ende der Zeltreihe. Sie bauten eine kleine Hütte aus Holz und ein wenig Stoff, den sie mitgebracht hatten, und machten sich an die Arbeit.

Es war eine harte Arbeit. Um an das Gestein zu gelangen, in dem sich Gold befinden könnte, mussten tiefe Löcher gegraben werden. Der Boden war hart, die Sonne brannte erbarmungslos und die Luft war staubig. Pieter und Mashudu arbeiteten von früh bis spät. Sie hatten wenig zu essen, kaum Wasser und schliefen auf dem harten Boden, denn Betten besaßen sie nicht. Aber sie waren vom Goldrausch erfasst, und immer, wenn einer von ihnen ein Stückchen Gold gefunden hatte, versteckte er es in einem kleinen Beutel, den jeder von ihnen stets um seinen Hals trug.

Die Zeltstadt um sie herum wuchs ständig weiter. Bald waren viele tausend Menschen in der Gegend, die alle nach Gold gruben oder versuchten, damit auf andere Weise Geld zu verdienen. Es gab bald ein kleines Zentrum, in dem man etwas zu trinken und zu essen bekam, und einige der Goldsucher gaben dort ihr ganzes Gold, das sie am Tage mühsam aus der Erde gebuddelt hatten, für ein paar Getränke und ein wenig Spaß wieder her.

Nicht so Pieter. Er kaufte nur das Nötigste, aß nur so viel bis er satt war und gönnte sich nur

selten einen Besuch in diesen Gaststätten. Auch Mashudu war vorsichtig mit seinen Funden und bewahrte sie sorgsam auf.

Eines Tages sahen sie auf ihrem Heimweg einen großen Menschenauflauf und gingen hin, um zu sehen, was dort los war. Zwei Männer standen auf einem hölzernen Podest und verkündeten gerade mit lauter Stimme, dass nun Recht und Gesetz einkehren würde. Pieter und Mashudu sahen sich verwundert an. Wie sollte jemand Recht und Gesetz in diese Stadt voller Hütten und Zelte bringen, in der ein riesiges Durcheinander herrschte? Sie lauschten weiter, was die beiden Männer zu sagen hatten.

Als erstes, so sagten die beiden Herren auf dem Podest, würden sie dieser Stadt einen Namen geben. Und dieser sei: Johannesburg!
Pieter gefiel der Name sofort, aber Mashudu meinte, das sei wieder so ein typischer Burenname. *Aber das ist doch nun einmal das Land der Buren*, erwiderte Pieter. *Da irrst du dich*, entgegnete Mashudu. *Es ist genauso mein Land.* Daraufhin machte er kehrt und verschwand in der Menge.

Als Pieter an diesem Abend nach Hause in das kleine Holzhäuschen kam, das er nun schon seit vielen Monaten bewohnte, waren Mashudus Sachen verschwunden. Pieter war traurig darüber, dass er seinen Freund verloren hatte, und blieb von nun an noch mehr für sich. Er grub beharrlich nach Gold und fand fast täglich einen kleinen Klumpen. Der Beutel unter seinem Hemd wurde langsam immer dicker und schwerer und Pieter merkte, dass die anderen Goldsucher neidisch darauf starrten. Er begann sich zu fürchten, denn es passierte, dass Männer einander überfielen und ausraubten.
Pieter beschloss, von hier fortzugehen. Er packte seine Sachen zusammen, die wieder in ein kleines Bündel passten, nahm sein Pferd und ritt zurück gen Norden. Er wusste noch nicht genau, was er tun würde. Als er eines Abends bei Sonnenuntergang am Rand eines kleinen Waldes am Lagerfeuer saß, schaute er über die weite Ebene, die vor ihm lag. Auf der Wiese unterhalb des Waldes grasten einige Antilopen. Er bewunderte die Anmut der Tiere und konnte seine Augen nicht von ihnen abwenden. Plötzlich ertönte ein Schuss. Eines der Tiere strauchelte und fiel, die anderen rannten in wilder Angst davon. Aus dem Dickicht der Bäume

traten drei Männer hervor. Sie gingen zu dem geschossenen Tier und machten sich daran zu schaffen.

Pieter war außer sich vor Wut. Er wusste zwar, dass viele Menschen die Tiere der Wälder jagten, um sie selbst zu essen. Aber er wusste auch, dass viele der Tiere wegen ihrer Hörner oder Felle geschossen wurden und die Jäger keine Rücksicht darauf nahmen, ob noch genügend dieser Art übrigblieben, damit sie nicht aussterben.

Da erinnerte sich Pieter daran, was ihm schon immer alles auf der Welt bedeutet hatte: die Tiere rings um ihn herum. Und nun wusste er plötzlich, was er in seinem Leben tun wollte.

Er würde diese Tiere beschützen. Dafür würde er sein Gold nutzen.

Glücklicherweise hatte Pieter damals einen mächtigen Verbündeten im Geiste, den damaligen Präsidenten der Südafrikanischen Republik, Paul Kruger. Dieser war derselben Meinung wie Pieter, nämlich, dass die Tiere Südafrikas geschützt werden mussten, damit ihre Art und Vielfalt würde überleben können. Pieter, der nun in die Gegend seiner Eltern zurückgekehrt war, ritt bald weiter. Es zog ihn in den Teil Südafrikas, den wir heute als Kruger Nationalpark kennen. Der Park wurde damals gegründet und man brauchte Männer wie Pieter, die sich mit Tieren auskannten und bereit waren, sie zu schützen. Viele der Farmer, die in der Gegend lebten, wollten den Park nicht, denn ihre Farmen lagen auf dem Gebiet. Aber die Männer um Paul Kruger, allen voran Pieter, überzeugten sie, dass die Tiere Südafrikas ein Recht auf Leben hatten. So entstand einer der größten Tierparks der Welt, und Pieter wurde einer der ersten Wildhüter dort.

Sein Freund Mashudu hingegen lebte ein ganz anderes Leben. Kurz nachdem Pieter die Goldminen in Johannesburg verlassen hatte, wurde alles umorganisiert. Keiner durfte mehr für sich selbst nach Gold suchen, sondern sollte für eine große Firma arbeiten, die große Förderbänder baute. Mashudu gab damals das Goldsuchen ebenfalls auf.

Er eröffnete einen kleinen Laden, in dem er allerlei nützliche Dinge verkaufte, die die

Minenarbeiter brauchen konnten. Aber lange konnte er dort nicht mehr bleiben.

Alle schwarzen Leute mussten bald schon die Gegend verlassen und außerhalb der Stadt leben. So entstanden große Bezirke in Johannesburg, in denen nur schwarze Leute lebten.

Sie wurden Townships genannt.

Mashudu eröffnete dort, in dem Township Soweto, wieder einen kleinen Laden. Er heiratete, hatte Kinder und lebte sein Leben. Aber seine Meinung änderte sich nie. Für ihn war Südafrika auch sein Land.

Eines Abends saß Pieter nach einem langen, anstrengenden Tag im Park unter seinem Lieblingsbaum und sah zu, wie die Sonne hinter den Hügeln verschwand. Er war nun schon ein alter Mann, aber er unterstützte immer noch täglich die Wildhüter bei ihrer Arbeit. Da entdeckte er in weiter Ferne eine winzige Gestalt, die sich über die Steppe langsam auf ihn zubewegte. Es war ein Mann, etwa in seinem Alter. Sein Gang kam ihm bekannt vor… da erkannte er ihn: Sein alter Freund Mashudu! Pieters Freude war grenzenlos. Wie sehr hatte ihn der Streit mit ihm über die Jahrzehnte hinweg verfolgt.

Nun konnte er seinem einstigen Freund endlich sagen, wie leid ihm seine unbedachte Bemerkung getan hatte; auch wenn er dies damals noch nicht verstanden hatte. Mashudu nahm ihn nur wortlos in den Arm. In ihren Herzen waren sie immer Freunde geblieben.

Sie liebten das gleiche Land.

Essen & Trinken

Holz holen

Holz aufbauen

Funken erzeugen

Pusten

Wir machen einen Braai –
aber wie macht man eigentlich Feuer?

In Südafrika grillt man ganz oft und hier wird ein Grillen „Braai" genannt. Das haben wir natürlich auch oft gemacht und einmal durften wir Kinder sogar selbst das Feuer machen! Natürlich haben unsere Eltern aufgepasst.

Zuerst haben wir überlegt, welche Stelle die beste für das Feuer ist. Es sollte kein Baum danebenstehen oder Äste darüber hängen, denn wir wollten ja nicht aus Versehen einen Baum in Brand stecken.

Und auch trockenes Gras sollte nicht um die Feuerstelle herum wachsen, denn es könnte sehr schnell anfangen zu brennen. Also ist ein größerer freier Platz am besten. Dann kann man sich auch gut um das Feuer herumsetzen.

Damit sich das Feuer nicht ausbreiten kann, muss man richtig dicke Steine suchen und sie dann in einen Kreis rund um die Stelle legen, wo das Feuer sein soll. Die Steine sollten mindestens so dick wie Kokosnüsse sein. Wenn es nur kleinere gibt, musst du mehrere übereinanderlegen.

Als nächstes haben wir Holz gesammelt. Dickes Holz, das langsam brennt und dünnes Holz, das schnell brennt. Und ein bisschen trockenes Gras. Du kannst auch ganz dünne Zweige nehmen. Wichtig ist beim Holz sammeln, das das Holz möglichst trocken ist. Je länger es schon am Boden liegt, desto besser. Aber aufpassen, ob es schon von Termiten zerfressen ist. Schau lieber nach, ob es innen schon wieder zu Erde geworden ist, das machen die Termiten nämlich, sie verwandeln Holz in Erde. Und Erde brauchen wir ja nicht im Feuer, sie erstickt die Flammen.

Nun kommt es darauf an, das Holz richtig aufzuschichten. Zuerst haben wir in die Mitte das trockene Gras gelegt. Darauf haben wir die dünnen Äste gelegt. Wir haben sie so angeordnet, dass sie wie ein Tipi aussahen. Oben drauf haben wir genauso ein paar der dicken Äste geschichtet.

Nun durfte ich das trockene Gras anzünden. Da das Gras ganz dünn ist, brennt es schnell. Aber es ist auch schnell wieder verbrannt, deshalb sollen seine Flammen gerade ausreichen, um die dünnen Äste in Brand zu setzen. Diese brauchen schon etwas länger, um zu verbrennen und können somit die dickeren Äste anbrennen. Und wenn diese erst einmal brennen, kann man immer wieder neue dicke Äste auf das Feuer legen, um es in Gang zu halten.

So haben wir ein tolles Feuer gehabt. Wir waren ganz schön stolz auf uns und haben eine Menge Marshmallows auf unserem Feuer gegrillt!

Exotische Fleischsorten

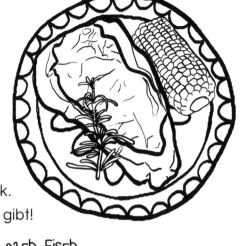

Isst du gern Fleisch? Wenn ja, kannst du hier in Südafrika einige Fleischsorten probieren, die es bei uns eher nicht so gibt. Das liegt daran, dass hier einige der Tiere, die wir sonst nur aus dem Zoo kennen, auf Farmen gezüchtet werden wie bei uns Kühe oder Schweine. Zum Beispiel gibt es verschiedene Antilopensorten wie Kudu oder Springbok. Aber das irrste fand ich, dass es hier Krokodilfleisch gibt!

Es schmeckt ein bisschen nach Hühnchen und ein bisschen nach Fisch.

Mopani Worms

Auf manchen Märkten gibt es echt tolle Sachen zu sehen! Mbali hat mich einmal mitgenommen. Als ich noch an einem anderen Stand nach diesen bunten Tieren aus Perlen geschaut habe, die es hier überall gibt, hat sie etwas an einem anderen Stand gekauft.

Ganz geheimnisvoll kam sie zu mir und hat gesagt, sie hätte etwas für mich, das sehr gut schmeckt. Dann hat mir auf ihrer Hand einen dicken schwarz gebratenen Wurm entgegengehalten.

"Das sind Mopani Worms", hat sie gesagt. "Probier mal!"

Was hättest du getan?

Rooibostee

Dieser Tee ist eigentlich gar kein richtiger Tee so wie schwarzer Tee, denn Rooibos ist eher ein Kraut, das an Sträuchern wächst. Er hat eine rotorange Farbe und schmeckt sehr fruchtig und gut. Ich habe ihn morgens immer mit Zucker und etwas Milch getrunken. Wenn wir zum Campen unterwegs waren, haben wir uns morgens eine große Kanne gekocht, in eine Flasche gefüllt und den Tag über kalt und ohne Zucker getrunken, das war erfrischend. Man kann auch etwas Zitrone dazutun. Ein tolles Getränk, das ich bestimmt auch zu Hause weiter trinken werde.

Pap

Was haben die Worte Dzadza, Milipap – kurz Pap – und Shima gemeinsam? Sie bezeichnen alle das Gleiche, nämlich den weißen Maisbrei, der überall in Afrika gegessen wird. Ich finde ihn soo lecker! Er schmeckt ein bisschen wie eine Mischung aus Klößen und Grießbrei.

Man kann Pap süß mit Zucker und Zimt zum Frühstück essen oder herzhaft. Dann wird hier meist ein tolles Ragout dazu gemacht, mit Gemüse und ein bisschen Hühnchen, Lamm oder Fisch. Oder es gibt geschmortes grünes Blattgemüse dazu, das ist auch lecker. Aber weißt du, was ich am allertollsten daran finde? Dass man es mit den Fingern essen darf! Man rollt etwas Pap in seinen Fingern und tunkt es in die Soße. Dann muss man es nur noch in den Mund bugsieren, ohne sich vollzukleckern...